سُلطان العاشقين

طارق التريري

طارق التريري, Published by 2022.

سُلطان العاشقين

First edition. June 10, 2022.

Copyright © 2022 طارق التريري.

ISBN: 979-8223573159

Written by طارق التريري.

Also by طارق التريري

فارس بلا مُهره
شهريار لم الحكايه
لاجديد
ماكبرتش ومش عايز اكبر
قادر ربك يفرجها
إبتلاء إن انتا مصري

Watch for more at tarqablog.blogspot.com.

لكُل مُحبي الشعر . اتمنى أن ينال العمل رضاكم

الدُنيا واللي فيها

الدُنيا واللى فيها
كُفارها ومسلمين
سيخها ورومها وعربها
والفُرس وكُل مين
زهقان من عيشتو جالى
جاهزين متوحدين
واخدين جداً قرارهُم
عازمين ومصممين
على حرق الدم فيا
والإحساس اللعين
إن الهم ملازمني
وجايب من كُل مين؟
هَمو وحيشيلو عندي
عُهده ويمكن خزين
والأغلب إنو منحه
أو محنه من السنين
واصبح للهَم مالك
للغم وللآنين
كُل المخزون بتاعى
ومافيش متحمسين
أو حد يقول حاشارك
مره معاك الخزين
لو حتى بكلمة أصبر
أو حتى بطرف عين
أو طبطب يوم عليا
وهمسلي الله يعين
ع الدُنيا وع اللى فيها
كُفارها ومُسلمين

كلام بلحه

كُل ما بيفتح فى بُقو
ويبتدي يهرتل كتير
أي حاجه ف أي حته
مكلمه ويفرش حصير
يجمع الأوباش ويبدأ
أي فشر وفشرو غير
حاجه مُش ممكن تصدق
إلا لو خالى الضمير
خالى من كُل المشاعر
حتى من طُهر الحمير
لما يفتح بس بُقو
عيني بتدمع كتير
هَم جوا القلب يطفح
غم صارخ كالنفير
وابدء استغفر ياربى
هو دا فينا الأمير
واللي مصر معاه بتحلم
بالخروج من دا المصير
فجأه صارت مصر وجبه
طقه أو تدبير سرير
جوا شبه عياده وسخه
مرمى فيها وع الحصير
شئ بيشبه نسل أدم
صدقك لما النفير
ليل نهار كان يحكي عنك
إنك الحلم الكبير
فجأه شافك ع الحقيقه
واكتشف هَمو الكبير
كُل أحلامو البطاطس
والطماطم والشعير

والوطن بس العساكر
والمباخر والغفير

لرئيس مسجون

لك سلامنا ولك دُعانا
ولك دموع من كُل عين
فى القلوب العاشقه دينها
مؤمنه لحد اليقين
ب انتصار ربك لعبدو
ومهما طال الليل يبين
فجر واضح للغلابه
كُلو ويل للمُجرمين
وانتا مُش أول ضحيه
أو برئ وصبح السجين
دِخلو قبلك أغلى منك
قضى فيه ياما السنين
وانتا عارفو وابوه وجدو
كُلُهم م المُرسلين
يوسف الصديق وسيرتو
فينا تمنحنا اليقين
مُش لابُد السجن لازم
يبقى بس لمُجرمين
ياما فى سجونها المُثقف
واللى صاين والأمين
واللى عُمرو ف يوم ماباعاها
أو خذل فيها اليقين
حتى من صنف الصبايا
فى البلد بقى فيه سجين

كوم فلوس

يانهار اسود ع اللى حاصل
يانهار اسود ع اللي كان
كوم فلوس ف الشرم راحت
لاجل أشباه البيضان
ع العيال من كُل حته
والبغايا الأُلعبان
لاجل بلحه يعيد ويهري
لاجل مايملا المكان
بالتفاهه وبالهيافه
والبنات ماليه اللُمان
والحريم فى السجن تُصرخ
ع البلد دي وع الهوان
عن سنين العهر فيها
وعن فجور مالى الزمان
عن كتير عمال بيُلطُم
ع اللى كلف واستدان
كوم فلوس فى الشرم راحت
لاجل أشباه البيضان
ع العيال من كُل حته
وع البغايا الأُلعبان
لاجل ما يبحبح سي بلحه
فى الكلام ويزيد كمان

ليلاتي

كالعاده وحدي
بدون ونس غير الهُموم
ومناهده بس مع الضجر
كما كُل يوم
والبحث عن حلم وخُلُص
كان إسمو نوم
والضغط واصل للسما
مُش قادر اقوم
سُكر بينهش فى الجسد
ومافيش لزوم
للأكل لاحسن يرتفع
كملها صوم
والباقى لحن بتعزفو
ريح السموم
ويا غم امتى حنفترق
ويجيلنا يوم
يبقالنا حظ مع الونس
ننسى الهُموم
تتفك شفرة نحسنا
وتنزاح غيوم

كِسرة الرجاله

رغم قسوه فى الملامح
رغم شِدة الاحتمال
كَسرِة الرجاله تقتل
جبرهُم جداً مُحال
دمعُهُم صعب وقُليل
بس بيهد الجبال
لما يسرِي الهم فيهُم
شئ بيشبه ل الزوال
ولمغيب الشمس واكتر
شئ مالوش أبداً مثال
شئ مابعد الحُزن واكتر
لما بتنخ الجمال
يبقى صعب القومه تانى
مهما كان فى اليد مال
مهما كان فى الكون مباهج
مهما خلِف من رجال
كَسرِتو بيُسكُنها وحدو
مهما بيه الغم طال
بالطبيعه صعب يحكي
أو يلمِح بالسؤال
والدموع ف عنيه عزيزه
لمحها شبه المُحال
يكتم الأحزان ويكتم
فجأه صعب الإحتمال
تنقِهر فيه الحكايه
وتبتدى تنِخ الجمال
والحنين جواه لأجلو
والمُنى يكون الزوال
كَسرِة الرجاله قاتله
والعِلاج بعد المُحال

دين السُلطان الجديد

فى بلادى الراكعه وللخُصيان
مجلسها العامر بالغلمان
وشيوخ العهر بتوع ياحنان
زودى فى بخور واتهزي كمان
على أد ماهزك فينا يثير
نقدر نديكى صكوك غُفران
جاري التعديل فى أصول الدين
بيعدِلوا حتى على الرحمن
أشياء فى السُنه مضايقه الناس
بعديها يخُشوا على القرآن
والدين بقى فجأه موديل قديم
ولابُد نقصقص فى الفُستان
وننام ونقوم بنرقع فيه
على أد مقاسو لدا السُلطان
ويهودها خلاص مُش ع الأبواب
دول جوا البيت يعزفوا لحنان
لاجل ماتتهز تزيد الشوق
فى شيوخ العهر وفى الغلمان
فى بلادي العاشقه وغاويه تكون
لشيوخ العهر وللخُصيان

دهشه

خُلِصِت خلاص مابقاش فيه شئ
يغريك يثيرها لدهشتك
وطيتها راسك فى انكسار
ماكانتش أبداً رغبتك
لكن ربيعك فجأه راح
ورق الخريف ملا سِكتك
وبدا انتظارك للرحيل
بانت ملامحو ف نظرتك
كُل اللي فيك بس اليبس
وحنين لحرف فغنوتك
مابقيتش فاكر منها شئ
غير النهايه ودمعتك
غير المسير فى طريق طويل
وتقيله جداً خطوتك
والأُمنيات انك خلاص
تصبح مفارق دُنيتك
تتفك من أسر الهموم
ترتاح وتختم قصتك
ماخلاص ماعادش الشوق لشئ
يغريك يثيرها لدهشتك

خدت ايه

خدت ايه انا م الثقافه
وم القرايه
وم الكتابه
وم الكلام
من آنين محفوظ و عشقو
للحواري
وللخليلي
والحرافيش الُقدام
ولاحلمو ف يوم حتقدر
تنتفض وتقوم تمام
ولا من ماركيز وتوهتو
جوا عُزله ف ألف عام
ولا م السياب لوحدو
باكى من وجع الغرام
للعراق والضهر يابس
يمنعو حتى القيام
أو أمل مرمي ف سريرو
بعد ماصفى الكلام
ماتصالحشي وماتأمنشي
مهما كان السعر كام
م الجواهر أغلى عينك
دم اخوك والانتقام
ولكتير من ناس وياما
زرعوا فيها كتير كلام
حلمُهُم لو مره تسنِد
طولها وتعيد الغرام
للكرامه وللرياده
وتبقى من تانى الإمام
غيرش بس صحاب وزي
كُلُهم عاشقين كلام

لو نزلت السوق تبيعنا
تتكسف م السعر كام

مابقاش للناس حنيني

مابقاش للناس حنيني
ما بقيتش اشتاق لحد
حتى اللى غلطت مره
ووثقت انا فيه بجد
واتوسمت البراءه
ومليت الدُنيا ورد
رجعنى لوحدي باكي
وب اشد الخطوه شد
كاره جداً حياتي
مُش حالم غير بوغد
يدخُل يُسكُن مشاعري
ويحُط لطيبتى حد
ينزع مني البراءه
يملانى جحود وصد
يصبح فيا انتمائي
ليا ويمنحني وعد
ابداً ما اضعفش مره
ولا ابادل حد ود
واكتب ع القلب مُغلق
مابقاش يشتاق لحد

ياوطن عشقك جريمه

ياوطن عشقك جريمه
والسجون للعاشقين
واللى يتحنوا بتُرابك
فجأه صاروا المُجرمين
واللى ياخدوا الضربه عنك
يوهبوك نن العينين
فجأه صاروا خلاص عدوك
فجأه صاروا المشنوقين
كُل خيرك للي خانك
وانعدم فيه اليقين
وادا ضهرو لكُل حاجه
والتفت ناحية كوهين
باع كرامتو ونام فى حضنو
وابتدا يهزو الآنين
وارتعش م اللذه يُصرُخ
تحت معشوقو اللعين
والكوهين صار المداوي
للعلوق الممحونين
والوطن بقى سجن واسع
صار جريمة العاشقين

فى بلاد هِشك وبِشك

في بلاد هِشك وبِشك
والضحك على الدُقون
من يوم هَل العساكر
والخيبه على الغُصون
بوعود أبداً ماطرحت
ولاجابت غير جنون
أوهام وكلام مزوق
ماتعدش فى اللمون
فجأه بتصبح خرابه
محجوزه لكوم ديون
سُكانها عبيد لطقه
والصبر على المُجون
لتحوت سايره ف مواكب
بين مخصي وحيزبون
بتطبل ل اللي غاصب
وتحايل فى (الزبون)
يُصبر ع الجوع شويه
ويكمل فى السُكون
يستنى اكيد حتفرج
بعد ما نبني السجون
حنلاقى الوقت نزرع
ونخلل لك لمون
وكمان يمكن مصانع
لكن خليك حنون
وأصبُر هانت حتفرج
بعد شوية قرون
فى بلاد هِشك وبِشك
والضحك على الدُقون
فى الوطن العربي كُلو
وجميعاً ميتون

الرويبض

يا غُثَاء السيل يا سُبه
واللى سايقهُم رُوَيبض
وان نطقنا يقولوا أمه
ب اللي زيو ف يوم حتنهض
والعواهر صوتها عالى
والكلاب للخصي تُسجُد
واللى عالم واللي فاهم
فى السجون ع البُرش يُرقُد
منتظر تفرج وحتماً
م الفرج وقريب نعيد
رغم أنف كلاب كتيره
ورغم أنفك يالرُويبض
وعد فى السُنه وكتابنا
عهد م الصادق مُحمد
قبل ألف ورُبعميه
هوا سماك الرُويبض

زياره ل (دوله) عربيه

فاكر وانتا صغير حالم
عاشق جداً إنك (عربى)
فاتح فيك كُتب الجغرافيا
تملى عينيك بالوطن (العربى)
ورافع إيدك تدعى بشده
لربك يحفظ اخوك (العربى)
وبتتمنى الفرصه تواتي
ف يوم وتزورو لاخوك (العربى)
وجاتك فُرصة عُمرك فيزا
وشُغل كمان مع اخوك (العربى)
وبادى خلاص تكتشف الخيبه
ويدبل فيك الحلم (العربى)
وتفضل (عربي) لحد ماتوصل
أى مكان فى الوطن (العربى)
أيُها خيمه معلقه يافطه
وجوا اليافطه كلام ب (العربى)
ب أنها (دوله) شقيقه وجداً
خُش وقابل اخوك (العربى)
وانتا مصدق فاشخ ضبك
وتدى جوازك عسكرى (عربى)
يفضل باصص فيك ويتمتم
وتعرف معنى الذُل ك (عربى)
تعرف إنك واهم جداً
لما ف يوم فكرت ك (عربى)
لما فضلت أسير لبراءتك
وإنك ضيفو لأخوك (العربى)
نفس الأخ اللى انتا قابلتو
ف بلدك ضيف وعاملتو ك (عربى)
فجأه بتلمح مسخ مخوخ
كاره أى ملامح (عربى)

واتهاماتك جاهزه وواضحه
واكبر تُهمه بإنك (عربى)
ويقدر بس يمُص ف دمك
اما ف غيرك لأ مُش (عربى)
بياخُد حقو بكُل سهوله
بياخدو لأنو أكيد مُش (عربى)
وانتا بتهمس فيك وتصلى
سيدنا وسيد الناس كان عربى
وبعدها خلصت قوم من حلمك
وانسى بسرعه الوهم (العربى)

يا إرهابى

يا زارع الود فى قلبك
يا إرهابي
لجارك والبعيد عنك
يا إرهابي
قريبك واللي مش منك
يا إرهابي
وباسم للجميع ضاحك
يا إرهابي
وكاره كلب بيذلك
يا إرهابي
وتار القُدس فى دمك
يا إرهابي
ورافض للخُضوع كُلك
يا إرهابي
ورايح جاى م الجامع
يا إرهابي
وراضي بالقليل قانع
يا إرهابي
وعندك ل الفُجور مانع
يا إرهابي
وصابر فى الجنان طامع
يا إرهابي
ومؤمن ل الآيات سامع
يا إرهابي
ورافض الكُفر وملاوع
يا إرهابي
ودا وصفك ودا نعتك
مادام الكُل متغابي
عن الظالم
عن القاتل

عن اللي بدمنا مرابي
وقادر بس يتهمك
دا إرهابي

هانت والنفط يخلص

هانت والجاز بيخلص
ترجع غنام لئيم
من خيمتو لاخوك ح تدخُل
تانى وتسبي الحريم
وتنام حاضن في غنمك
خُلصت مابقاش فيه ريم
والذُل يكون شعارك
تُصرُخ تدعي الكريم
ما كرمتش يوم عبادو
ف اشرب كما شُرب هيم
تسكُن تاني الصحاري
شبه لشيطان رجيم
رغم الإسلام لكنك
لسا فكُفرك بهيم
فاحت ريحة المعارك
جاهز مليون غريم
وكتير من تارو عندك
مُش ناوي يكون كريم
ولا راضي بدية أبداً
لازم دم اللئيم
أمريكا خلاص بترحل
بتسيبك كالحريم
تصرُخ تندب في حظك
وانتا ومليار غريم
مستني وتارو قايد
لازم دم اللئيم

كمعرص

كمعرص!!
بتقول لعيالك لو سألوك
عن رأيك ايه ؟
بعد مانزلت حرمك تُرقُّص
بعد مابنتك شافها البيه
والديوث وزبالة العالم
وكمان عالم من حواليه
ياكشي تكون حصلت نتيجه
ولا خازوق؟ وقعدت عليه
لسا كتير؟ على أد الدُنيا
ولا دولارها ابو خمسه جنيه
والأسعار؟ لساها بترخص؟
والتُجار يتحايلو يابيه
قرب خودلك طنين لحمه
والجمبري ب 8 جنيه
والتموين مابقاش بيهمك
مهما تكون الأصناف ايه
والطوابير على الفول فضوها
تفطر فُزدُق نُص جنيه
حتى المترو خلاص بنهدوا
ونحتاج مترو ياحلو لأيه
بالطياره تروح على شُغلك
مصر أخيراً لقت الأيه؟
اللى بيحنو عليها ويفهم
مصر حبيبتك تحتاج ايه؟
شد الفرش عليها شويه
واوعى لط...ك غطى عليه
واكتم دمعك وانتا بتشهق
شوف حتقول لعيالك ايه
عن احساسك كده كمعرص

فى الأحوال بقى رأيك ايه

فى الأحوال بقى رأيك ايه

كافر ولكن

كُفار ولكن دمُهم
حامى وسليم
مافيهوش دياثه
ولا اتبع شيطان رجيم
مع إنو كافر واتلعن
فى كتاب كريم
لكنو أبداً ما اغتصب
سَجن الحريم
ولا فض إيدو من العرب
ولاكان زنيم
ولا زار يهودي ولا ابتسم
ل ابن اللئيم
مع إنو كافر
بس صان أصلو الكريم
والعربي عُمرو ماكان نَجَس
ولا كان زنيم

خُطى

عُمري اللى جايب اخرتو
وتعبت خُطاه
فى بلاد حزينه مضلمه
وكارهه الحياه
حلفت ما تاخُد حقها
يوم م الطُغاه
والساده لينا وعندُهم
سُكر حلاه
زايد شويه تقول عسل
ومصفياه
لكنى عاشق عشقها
ودايب معاه
مبلي بغرامها
وحُسنها لو حتى شاه
بهتت ملامحو وهمها
جاب مُنتهاه
جابت أخرها من الرجا
وسؤل الإله
ب اسكُن وجعها وحلمها
وانينها اه
واندب فى عُمري اللى انتهى
وشاخت خُطاه

أيام ماشيه بقفاها

أيام ماشيه بقفاها
وسنين زي الخره
مستني تجيب أخرها
وف إيدى التذكره
روحه ومن غير معاوده
واهى راحه من الورى
ترسى ف مطرح ماترسي
ويا مَقْدَر تنقرا
تنزل تطلع تعافر
وتعضعض فى الثرى
وتعد فى كم هزيمه
وتزيد فى اللي جرى
ولا نافع صبر فيها
ولا نافعه المبخره
نُقره توديك لحُفره
واهي دايمه المسخره
نصبح ونقول حتفرج
ونبات متسكره
قافله وجايبه ف أخرها
دايماً متعكره
وان ضِحكِت ـيعنى فرضاً ـ
بنقولها بفشخره
صفيِت راقِت وضحكِت
الله ع الفنجره
ترجع وتزم بوزها
تعنِد وتجيب ورا
تطرح فِل لصُحابها
واحنا قوالح دُره

عند بلحه الفيلسوف

عند بلحه الفيلسوف
كُل ليله تروح تشوف
ناس كتير هربانه منهُم
من وراه قاعدين صفوف
قال بياخدوا الحكمه عنو
والحقيقه بيملوا جوف
معجبين بقفاه وجداً
ينصتوا لدُرر الحروف
عُمرو ما تكلم بوشو
وعُمرو ما واجه صفوف
طقس دايم ضهرو ليهُم
والعجيب راضى الخروف
منجعص عمال يسقف
نار وطالعه من الكُفوف
بس تايه عقلو حاير
يُقصد ايه الفيلسوف؟
الكلام معجون فى بعضو
وتايه منو كتير حروف
يرفع ايدو عشان ما يسأل
يزغدودو زميلو الخروف
مشي حالك سقف اكتر
المُهم حنملا جوف
وكُل مانسقف زياده
كُل مانملا الكُفوف
فى المراتب نعلا اكتر
عند بلحه الفيلسوف

تكا

ب اقوم الصُبح واعصُرني
وانفضني وب اتكا
واقول خُلصِت خلاص نشفت
يادوب فاضل عليك تكا
وتتوائم مع جراحك
وتتعود على السكه
تكمل وئد أحلامك
وتتخانق مع الفكه
لافادك طبعك الحالم
ولا اتفتحت معاك عكا
واديك بتكمل السيره
وتتحايل على الضحكه
كلام بايخ لناس أبوخ
وتتعلق فى مية فلكه
مابين هانت خلاص تفرج
وبين فاضل خلاص تكا
وانام واصحى وب اعصُرنى
وانفضنى وب اتكا

سوداني

ثور وجيب العز تانى
م المزارع م الصحاري
م الدموع ومن الأغانى
من حارات طول سُكاتها
من بيوت كتمت أمانى
لما ب ايدى نفضت غُزلي
وقُلت مش حيثوروا تانى
نسيوا فجأه خلاص وناموا
ومُستحيل يعمر ميدانى
كُنت واهم كُنت مُخطئ
كُنت منزوع الأمانى
ان بُكرا يهل فجرك
تنتفض تعملها تانى
بس اديك راجع لطبعك
دوم فى ثوره يالسوداني
وبيك بنفتح باب لبُكرا
ثور وجيب العز تاني
صحي فجر ف أمه ماتت
واندفن فيها الأماني
بس ناويه وب اللى زيك
تحي عز وثوره تاني

حرامي والدلع باشا

حرامي والدلع باشا
ويضربلو السلام بهوات
تشوفهُم تحسِد الطلعه
وهُما فى الأساس أغوات
عصابه ل عرص بيفرق
فى قوتنا واحنا فيها نبات
بنتحايل على جوعنا
ونحسد ياما فى الأموات
اهو ارتاحوا من الظلمه
من الفجره من الأغوات
من التفتيش من السُخره
ومن كلمة مكوسك هات
كأنك غصب متأجر
ودورك صرف ع البهوات
مافيش! اجهز نبيع دمك
تعارض؟ فى السجون ح تبات
زرايب واحنا سُكانها
بنشقى وخيرها للعاهات
ونحلم مره حتزهزه
ونصبح زادت الخرابات
حرامى وبعدو شيخ منصر
ونغرق فى الهموم ونبات
ونصبح نشكُر (الباشا)
ويضربلو السلام بهوات
تشوفهُم تحسد الطلعه
وهما فى الأساس أغوات

بعضُهُم

(بعضُهُم) ....
(بعضُهُم) تاهت ملامحو
وانطفت فيه الحياه
واللى فاضل بس جرحو
وغم بالغ مُنتهاه
نفسو بس الرحله تخلص
واللي فيه يصبح وراه
ماضى غادر ضيو باهت
حلم كان عشقو ورجاه
انها تزهر وتطرح
حتى لو مره الحياه
بس ايه! كالعاده عاندت
عَصلِجت حرنت معاه
ف ابتسم كالعاده تمتم
(بعضُهُم) بعديها اه
زلزلت جواه وآنت
وانكسر عشق الحياه
فجأه كُل كلامى عنى
(بعضُهُم) وكأني تاه
منى فجأه استغنى عنى
كان (أنا) وضلت خُطاه

مهيس

لا عارف اطبل
ولا عارف اساير
ولا عارف ارقُص
حاله صعبه وزاد وجعها
مهما احاول فيها اليس
صرت سُبه وصرت خيبه
وصرت مُش عارف أسيس
أى حاجه فى أى حته
وألغى عقلى واقوم مهيس
والسنين جابت أخرها
كُل يوم خوازيقها ب البس
والمراكب فجأه غرقت
وحدي فى الأوهام ب ادمس
والسنين مابقتش تطرح
غير يادوب فولها المدمس
حتى سمسم فات مغارتو
وجابلى (عُقب) وقال نخمس
سمسم المليان جواهر
جه لعندى وقال مفلس
إلا لو غيرت طبعى
وصرت أيه!
إنسان كويس
ماشي حالى وراضيه نفسي
وفيا كُل الكون مهيس
قادر اطبل
قادر اساير
قادر أرقُص

الزعيم

ابجديه وحاجه واضحه
فى البلاد عاشقه الخراب
واللى كانت يوم (بلادنا)
والجميع عز الصُحاب
حلم واحد أمه واحده
وفجأه ينزاح الضباب
عن (زعيم) كالعاده (طاير)
(والمزاج) فوق السحاب
لمنا وقال يلا ح اخطُب
يلا هاتولى الشباب
قصدو تحت ال 100 طبعاً
م المعارف والصُحاب
واللى فاهمين اللى فيها
مكلمه وعشوة كباب
ثم فاصل م التجلي
بعدو فاصل م الهباب
والهباب طبعاً كلامو
غير مُعايره وغير سباب
ل اللى مُش شايفها خضرا
واللى حاسس ب اكتئاب
واللى مُش شايف نتايج
للزعيم طايله السحاب
انجازات وف كُل حته
تملا مية مليون كتاب
كُلُهُم حاسينها طبعاً
م المعارف والصُحاب
واللى مُش شايفها جاحد
كلب من ضمن الكلاب
قلبو مليان غل طافح
والدماغ مليان خراب

صعب يتقبل هدايه
وصعب يؤمن بالكتاب
واللى كُلو أمانى طارحه
بس خباها الضباب
فى اللى يوم كانت (بلادنا)
وفجأه صارت كوم تُراب
من مُحيطها ولخليجها
بوم بينعق والغُراب
(والزعيم) كالعاده (طاير)
(والمزاج) فوق السحاب
إنجازاتو حاسسها وحدو
والمعارف والصُحاب

دستور على ميه بيضا

افرح يادى المواطن
كبر واسجُد لربك
ف الحاكم شكلو عشقك
ناوي يأبد فى قُربك
عشري وخايف لا تزعل
ولا طايق الكون فى بُعدك
ف الحل بسيط وجداً
واسأل ستك وجدك
يا اما اتعملت وياما
واهي وصلت برضو عهدك
حيعدل بند واحد
واهو كُلو يهون فى حُبك
دستور على ميه بيضه
أشرب واسقى اللى جنبك
فى بلاد لو قُلت اعارض
راح يبقى الذنب ذنبك
أو قُلت بلاش عساكر
تقرير جاهز يا غُلبك
عن إن الموت بسكته
والسكته عملها قلبك
ف ابصُم وافرح وزقطط
حيعدل وانتا؟ عاجبك
دستور على ميه بيضا
واشرب وادي اللى جنبك

C.B.S

قولنا لكُم من زمان
من قبل ماتُعبدوه
خاين بياع كلام
ويبيع تُربة أبوه
ومالوهش في أي حاجه
وف أى حوار يِتوه
يُلضُم كدبه ف خُرافه
وعبيدو يصدقوه
تطبيل من دجالينو
ويحاولوا يلمعوه
ويعود من تانى يكدب
يتلموا يبخروه
لا بخور ولاجاوى نافع
أو مهما تسَندوه
ف الفرع أساسو مايل
لخوالو عبيد يهوه
كاره مصر ومافيها
ولدينها وبتشوفوه
عابس جوا المساجد
ضاحك لشنوده ابوه
قولنا لكُم من زمان
من قبل ماتُعبدوه
بس انتوا قلوبكوا ضاله
والحق بتكرهوه
تشتاق للعجل دايماً
وف ثانيه تألهوه
واهو قالها صريحه علناً
رجاله؟ تكدبوه
أو حتى تقولوا بانت
وضحت وتنزلوه

35

من بلاعات عقولكُم
وتتوبوا ماتُعبدوه
لكن لله يازمرى
فى عقول عشقت تتوه
عجل وباين خوارو
وغواكُم تُعبدوه

كُلُهُم كلب الصهاينه

كُلُهُم كلب الصهاينه
وكُلُهُم بياع كلام
للشعوب العاشقه تُعبُد
أى حاكم والسلام
المُهم يكون فيه حاكم
حتى لو شورة (المدام)
والمدام من نسل جولدا
فى الثقافه وفى العلام
والنفور من كُل عربي
حتى لو حرف ف كلام
كُلُهُم
كُلُهُم كلب الصهيانه
وكُلُهُم مدى التمام
لاجل ما ع الكرسي يُقعُد
يحلى ويطيبلو المقام
والشعوب تولع فى داهيه
أو تبادلهُم غرام
بالسكون والصمت دايماً
والركوع والإنتظام
فى الطوابير الطويله
مُش عشان الإنتقام
م اللى كفرهم وباعهُم
خلى أيامهُم سخام
لأ! دا نزلوا بصوت وهادر
ياه يعيش يحيا النظام
كُلُهُم
كُلُهُم كلب الصهاينه
حتى معدوم الكلام
واللى صابر ع المُصيبه
واللى راخيلها اللجام

كُل همو ينجي نفسو
وبُكره حتصيبو السهام
كُلُهُم كلب الصهاينه
وكُلُهُم شاملو الكلام

كُل همو ينجي نفسو
وبُكره حتصيبو السهام
كُلُهُم كلب الصهاينه
وكُلُهُم شاملو الكلام

جزيه ف بلد الحرم

مُسلم! ب ادفع ضريبة
جزيه ف بلد الحرم
وانا قُرشي وجدي هاشم
من بيت هادى الأمم
ومافيش ف جيناتى رومى
ولا نُقطه من العجم
عربي وحتى الثُماله
دمى المهدور يادم
قهر وذُل وكفاله
ريالات تتلم لم
مش فارقه منين اجيبها؟
ولا بعت عشانها كم
من دمى ومن شقايا
ودُعايا بنار تلِم
كُل اللى حليلو عرقى
يقلبها عليه بغم
رب وعارف النوايا
وف يوم حيكون حكم
فى مكوس ب ادفعها قهراً
وياكُلها ترامب هم
مم ويكبر جملهُم
واحنا ف ديل الأمم
صلى وسلم وبارك
زيد الصلوات ياعم
وادعى لربك نفارق
دُنيا ومليانه غم
مُسلم ب ادفع ضرايب
جزيه ف بلد الحرم

اكرام الميت دفنو

إكرام الميت دفنو
وانا مُت بقالى كتير
من يوم ما الوطن اتسلم
ليادوب حبة طراطير
من شرقو لغربو بينزف
محكوم بصكوك تزوير
غربان بتمُص ف دمو
وبتوئد في العصافير
الحالمه ببُكره حتفرج
بالعدل وبالدساتير
حاكم من أهل الشارع
وبصوتهُم يبقى أمير
يتحاسب لو على هفوه
أو سرقة عود جرجير
والكُل بياخُد حقو
صُعلوك كان ولافقير
وشريف ماتكونش جريمه
أو عيب يحتاج تغيير
حاكم من نفس طينتهُم
واضح مخلوق بضمير
بيحاسب نفسو بنفسو
مُش عاشق للتبرير
ولا كُل ماتخرب يُخطب
ويجيب اللوم ع الغير
ولا غاصب على دبابه
حواليه شِلة دبابير
كداب بوعود خداعه
بعديها الكُل أسير
لغباوتو وغلو الطافح
وكلاب على نهجو تسير

تنهش فى الكُل تعربد
وكلاب جاهزه بتفاسير
من حتماً لازم طاعه
والصبر على المقادير
حتى ولو يجلد ضهرك
يدفن أحلامنا ف بير

دعوه مُستجابه

ويارب وادينى ب ادعى
واكتر م الدعوه ايه؟
فى كلاب منعتنا حتى
بُرش نريح عليه
صفوها وبس ليهُم
والطاهر ياكُل ايه؟
حتى الميت حندفع
بُكرا ضرايب عليه
فيه عادى وفيه سياحى
وانتا وحظك يابيه
بالواسطه تعدى تدفن
ومافيش؟ نحجز عليه
على اهلو وُتربة أمو
وعضام جدو السفيه
اللي اتخاذل وساير
وماخدش حقوقو ليه؟
واهو نسلو ف كُل حته
خدام كلب (الوجيه)
ووجيه طبعاً دى كدبه
وكلام بيقولوا ايه؟
عُباد وحل البياده
عُشاق خدام يابيه
بيقولوها لكلب زيو
ولايوم يصعب عليه
يحني دماغو لبياده
ويقولك ح اعمل ايه؟
ح اعملها نيابه عنك
ح ادعى عليكو وعليه

ح اتعلم اطير

وب احاول اصبر نفسي
واتعلم يمكن اطير
ورا لُقمه بقت اعجوبه
وساعات ب اطلع مواسير
فى بلاد مفاتيحها معاهُم
واحنا الساكنين تأجير!
وكمان بنحايل فيهُم
بالصمت وحُسن السير
وياريت الصمت عاجبهُم
لازم نمسك زمامير
نُرقُص ولحد مانهلك
نتمايل كالطراطير
مالعشق ان احنا عبيدهُم
نهتف نملاها جعير
مداييننا السايره خرايب
وساكنها كتير دبابير
وجُثث مرميه وكترت
ولحد ماعافها الطير
وتحاول تهمس تلمح
رقبه وجنبك بتطير
تتكلم يطلع دينك
تتحاكم فى المواخير
واللى انتا فاكرها محاكم
مُمكن تُحكُم بضمير
فتعود وتصبر نفسك
وتقول ح اتعلم اطير

اعتب

اعتِب وانا برضو ح اعتب
لكن باكدب عليك
لو قُلت عتابى مُمكن
يقدر يشاركنى فيك
مهما باحاول تعاند
وتاخُدنى اللهفه ليك
والقى عتابى ابتسامه
ومُجرد همس ليك
انتا وبس اللى ساكن
فى القلب بدون شريك
لاعتاب ولاصوت ملامه
لما ب اشوفها لعينيك
عطشى وطول اشتياقى
وحنين الشوق إليك
هُما وبس اللى فاكر
والباقى انا سيبتو ليك
عالم شكِل ملامحو
واغزِل وانا بين إيديك
حواديت محتاجه ليلك
ونجوم سهرانه ليك
تسمح؟ لو اكون نديمك
أو نبضة عِرق فيك
أو وترك لما تعزف
تهمس للعود إيديك
وبحار انا فيها شطك
لو تاهت مره بيك
سُفن العشق اللى دايماً
ب المحها ف نور عينيك
واتمنى واقول حترسى
أو ابوح بعتابى ليك

عن عُمر انا عشتو قبلك
من قبل ما اشوف عينيك
وازاى انا كُنت قادر
ع العيشه بدون شريك
مهما بيعمل ب اسامح
ولا ابوح بعتابى ليك
اعتب وانا برضو ح اعتب
لكن م الشوق إليك

سُلْطان العاشقين

سُلْطان العاشقين
فى زمان مل الغرام
فى سنين كُل اللى فيها
أبو كام بيساوى كام
والعشق خلاص جريمه
إلا لعالى المقام
أبو كام فى البنك يملك
يقدر على كام جرام
م الدهب الغالى جداً
ويجيبو ابن الحرام
لكن زيك وزي
يتفرج والسلام
ويلوم ع الدُنيا لكن
فادو ف أيه الملام؟
سُلْطان لكن مفلس
والقصه بقينا كام
تملك فى رصيد حسابك
مابقتش بطول غرام
ولا عشق وصون موده
ولاشوق ولا بالعلام
سُلْطان؟ بس برصيدك
والباقى يادوب كلام
عن عشق ماصابش مره
مهما بترمي ف سهام
أو تكتب ف الأغانى
وتزوقها بكلام
أصبح مايجيبش همو
ولا حيجيبلك (مدام)
سُلْطان لكن لوحدك
وحدك ورصيد كلام

مايبلش مره ريقك
ولا حيبادلك غرام
يمكن سُلطان؟ فى عشقك
لكن ناقصك علام
عن حالنا وعن زمننا
عن كام بيساوى كام

يسقُط كُل ولاد الوسخه

يسقُط كُل ولاد الوسخه
وكلمة وسخه دى يعنى طشاش
من الفاظ مفروض نهتفها
نزود فيها مانستغناش
عن تذكير لولاد الوسخه
كُل الناس الضاربه طناش
عن أوطان منهوبه وساكته
واللى ناهبها كتير أوباش
وهُما كأن دا شىئ كدا عادى
واللى يقولك دوشه بلاش
مُش ناقصين نوجعها دماغنا
وعنو الحلم ياسيدى ماجاش
يابن الوسخه يابايع حلمك
بُكرا يروح عُمرك ببلاش
على إيد كلب استعبد أُمك
وانتا يادوب حلمان بمعاش
حته لُقمه وعفشة ميه
وهُما قصورهُم ماتشوفهاش
حتى فى حلمك بتخاف تدخُل
تنهر نفسك لأ بلاش
رغم ماحدش فيهُم وارث
ولا القصر دا جابو بكاش
اعلى مافيهُم كلب حرامى
ماصص دمك وانتا طناش
عايش فيها فاشوش طول عُمرك
وبتستنى وفجأه طشاش
بتشوف بس يادوب طول قبرك
شبر ف شبر وحتى ماجاش
ف حاول تفهم يا ابن الوسخه
مره وتاخد حقك كاش

من صعاليك وفاكرهُم زُعما
وهُما يادوب حبة أوباش
زيك برضو (ولاد الوسخه)
فى التسويف والعيشه طناش
عن أوطان صبحت منهوبه
وكنوز ياما مابنشوفهاش
نسمع عنها يادوب فى سويسرا
ياقوت مُرجان ودا غير الكاش

من بلاد محصولها وافر

من بلاد محصولها وافر
فى الوعود والأُمنيات
والجميع بالعدل كافر
باعو لاجل القيرشينات
سلموها لكوم عساكر
مصمصوها ونورها بات
فى السجون فى ظلام يعافر
بس عارف إنو أت
بُكره خالى من العساكر
من ديُولهُم والسُكات
مهما بيلِفِك حينطق
بُكرا فجرك بالحاجات
تُنصُبى لكُل اللي خانك
محكمه وتحي اللي فات
تفتحي ف كُل الدفاتر
تنبشي ف تُرب اللي مات
تعلنيه من بدري يحضر
حُكم ناجز حُكم بات
كُل من شارك فى دمو
جِه معادو وأُمنيات
إنو ينفِد منها تاني
بس فين؟ ما الوقت فات
وانهارده الكُل عازم
كُلو ناوي مافيش سُكات
إلا لما يبل ريقو
من دموعهُم والحارات
تنتِفِض تصبح مشانق
دمُهُم مالى الساحات
وفساعتها الحق يطرح
والكلام يصبح نبات

غرسو واضح جنيو باين
مش مُجرد أُمنيات

شعب علاجو العساكر

شعب علاجو العساكر
ودواه الطبالين
والرقص لكُل غاصب
حتى ولو جات فى دين
بيبيعو يمشي حالو
ويقولك كون كهين
ساير بقى مشي حالك
ماين عيشلك يومين
ولا عُمر الكُهن فادك
ولا رضيو السجانين
غير لما دخلت قبرك
وبقيت فى الملعونين
جد يسلم حفيدو
لشويه نصابين
يملاه بكُره الكرامه
وبكُره العاشقين
لبلاد يُحكمها ناسها
مُش حبة طبالين
وتثور بقي ع العساكر
تنسى سنين الآنين
ترجع و علاجها ناسها
ودواها الطيبين
عمرانه وباللى زيك
مش ممسوكه ف كمين
علشان جزيه وضريبه
ورشاوى لبياعين
دايماً وابداً شرفها
عُشاق يحنو ا الجبين
أياً كان اللى مالك
حتى ولو كان كوهين

الحكايه

فجأه خلصانه الحكايه
واللى فاضلك نِباح
فيه لو حدك ويا همك
وانتا بتداوى المُتاح
من جروح مالياك وفاضت
واللى اغلبها استباح
حتى روحك مش مُجرد
عضم تحت الجِلد لاح
تتغزل حواديت كتيره
وفجأه كُل الغزل راح
مل منك. من أنينك.
صرختك. كُتر النواح
هم طارح جوا قلبك
حُزن أبداً ما استراح
رغم ان الدُنيا واسعه
بس مُش حاس البراح
واللى فيك بس النهايه
وهم ليك دايماً مُتاح
وانتظار تنهى الحكايه
وتنهى فيك كُل البراح
تسجنك جوا ف دوايرك
والجميع يبقى استراح
انتا وفصول الحكايه
والآنين وكتير نواح

يابتاع مشيها

يابتاع مشيها عشان تمشي
ومسيرها تهون
كداب والله بتتقندل
ومافيش مضمون
غير دمك بس على جزمهُم
وكلام مدهون
بالزبده الصُبح يقوم سايح
وبيملا الكون
تريقه واللعنه على غباوتك
صدقت يادون
أنجاس ولامره ف يوم صدقوا
وشافوك بعيون
غير بس يادوب خدام أجرب
وكمان ملعون
موروث علشان بس الخدمه
وتسد ديون
اخدوها عشان بُكرا عيالهُم
وسابوك مطحون
مسموحلك بس يادوب تاكُل
فى بواقى صحون
بعد اما كلابهُم تستكفى
ويملوها بطون
وانتا تمشيها عشان تمشى
وتتمنى تهون
وبيطلع نقبك على شونه
وبتفضل دون
خدام لكلابهُم وبتحلم
بيجى يوم وتكون
مسموحلك بس ف يوم تشبع
وتملاها بطون

يابتاع مشيها عشان تمشي
وعامل مجنون
مستنى حتطرح وحديها
من غير ماتكون
حتى بتسقيها خيال ثوره
وتدفع عربون

ثوره فى العالم الأفتراضى

فى العالم الافتراضى
كُلو بيهتف بلادى
كُلو مجهز جيوشو
عمال يُصرخ ينادى
وتقول دا فاضلو تكا
وخلاص هزم الأعادى
ثانيه وتلقاه بيُفرك
يدخُل خاص لهنادى
ويا عم تعالى حرر
بلدك عمال ينادى
ف يقولك غور فى داهيه
وابعد عنى السعادي
مُش طالبه رخامه منك
ولا طالبه معايا ادادى
سيبنى ف حالى وفارقنى
خلينا نشوف هنادى
واتوكل ثور لوحدك
واعزفلى معاك بلادى
وانا قلبى معاك وب ادعى
ترجع منصور وراضى
لكن مُش ح أقدر انزل
مشغول فى جهاد هنادى
وان صحت ليكو ثوره
خبط جامد ونادى
ح اطلع م الخاص واجيلكُم
بعد ماتُخرج هنادى
واهتف واصرُخ معاكم
وح اغنى نشيد بلادى
بس نخلص ونطلع
م العالم الافتراضى

شدى حيلك

شدى حيلك ياصبيه
مد خطوك ياولد
مهما كانت عسكريه
بُكره جاى وتتولد
دوله خاليه من العساكر
والقانون فيها الوتد
واى حد يجوزلو يحلم
دون مايُهجر دى البلد
لأ ويأخُد فيها حقو
دون ما يُصرُخ م الكمد
حقو واصلو لحد عندو
ويتحسب صاحب بلد
والرصيد للكُل يسمح
مُش لطايفه بتتولد
مُتخمه وشبعانه جداً
والبقيه بتتجلد
لو تفكر مره تهمس
أو تقول فين البلد؟
أو تغامر يوم ف تسأل
ليه ومين سجن الولد؟
والصبايا اللى العساكر
جرجروهُم واتوئد
حلمُهم بُكره اللى هالل
يتزرع بنت وولد
بنت شاده الحيل عفيه
وخطوه ماددها ولد
همُهم تُشرُق شموسها
يحرروهال دى البلد
يعلنوها بكُل قوه
يسمعوها لأي حد

مُش حتفضل عسكريه
ومُش حيخلص م البلد
صوت ينادى فى كُل حته
صوت يزلزل أى حد
شدى ياحيلك ياصبيه
ومد خطوك ياولد

ماتجيب ياحلو اخرك

ماتجيب ياحلو اخرك
فى العشق وفى الغرام
وتقول أخر ما عندك
وتصرح بالكلام
ناوى تكمل فى عِندك
ولا ح ترمي السلام
وتخف دلال شويه
تحرمنا من الخصام
شمت الكُل فينا
وغرقنا ف دا الملام
والكل خلاص بيسأل
امتى ح يرمى السلام
ماتجيب ياحلو أخرك
وانهي ليالى الخصام
واملا الدُنيا بربيعك
وانا ابو حلك بالغرام
واسهر ولا ليا غيرك
عنك فيك الكلام
بس لو اوصل لأخرك
فى العشق وفى الغرام
ناوى تكمل معانده
وتزود فى الملام
ولا حتسمح بوصلك
تفتح باب الهيام
وتعوضنى اللى فاتنا
ونقول للناس سلام
نقفل باب الحكايه
نبدء همس الغرام

مماليك

ابداً ماعرفتش تينها
إلا ف حواديت البيك
ب اتجمز مع جميزها
واتحايل ع الصعاليك
ياخدونى معاهم مره
واصبح ضمن المماليك
فى بلاد مُلاكها عبيدها
ولا ليهُم فيها شريك
حالبينها لحد ماتخلص
ويقولوا منين اديك
دايماً لياليهُم عامره
وديونهُم تبقى عليك
تطفح ماطفحتش عنك
محسوبه الطقه عليك
وح ناخُد برضو تمنها
من جوا حبابى عينيك
وتبمبك جاهزه الفلكه
ونمدك على رجليك
والموت دا بعيد عن شنبك
محتاجه الأرض إليك
تزرع تُحصُد وتجمع
وياخُدها كلاب البيك
وياريت كان بيك فى اصولو
لكن كان م الصعاليك
شلة فاسدين وارثينها
وعُدنا لزمن المماليك

ياكامل

رُص الحجرين ياكامل
وجاوبنى على السؤال
كم ألف مدينه خِلصو
بنيناهُم فى الخيال
شطبلى سجونها وانجز
وانا ح املاها بعيال
وبنات وشيوخ وابعد
مما خطرلك فى بال
مساجين من كُل طايفه
أياً كان المجال
سُفرا ووزرا ودكاتره
وفريق عدى المُحال
هلفط بس بكلامو
قال ايه يشاركنا قال؟
يترشح للرياسه
هزُلت والله عال!
غيرلى النار ياكامل
وانجز رُد السؤال
الشبكه الجامده جداً
خِلصت ولا العيال
ب تطرطر ع الكبارى
زى ما إعلامنا قال
فيطُب الكوبري ساكت
وعمودو الخيخه مال
حتى الأسفلت طبل
قبل ما ننوي الوصال
نُربطها بشبكه جامده
صامده صمود الجبال
خِلصو الحجرين ياكامل
واما اصحى اديك سؤال

ممنوع السفر

عايز تهرب (ياطيب)
وتسيبنى لثورجيه
وانتا يا(مدبولى) خالع
وفاكرها تخيل عليا
وزرا ولكن نمارده
فاكرينى ح اكون هفيه
واخُد وحدي الطريحه
وتكون مخصوصه ليا
احا وبعديها احا
ثُم طلاق م الوليه
مايسافر حد فيكُم
إلا اما يفوت عليا
وح افتش أمو طبعاً
واخُد منو الوليه
ومعاها عيالو حتماً
والرهن على المهيه
وفلوسو ف كُل حته
حتى سويسرا البهيه
ويعود؟ يلقاها جاهزه
يخلع؟ مايلوم عليا
ويانعيشها الكُل فُله
ويا إما طلاق عليا
مايسافر حد فيكُم
ويسيبنى لثورجيه
وانا كُل وعودى خُلِصت
ومافيش حاجه بإيديا
غير بس ونستى بيكُم
ياوشوش صابحه ونديه
عايزين تسيبونى وحدي
احا واحا اللى هيا

لِب

مابقتش تجيب تمنها
قصة تكره تحب
والدُنيا ب يمشي حالها
واهى ماليه الدنيا لِب
بتأزأز فى اللي زيك
وتزيدهُم برضو كرب
وتزهزه ل اللى عايزه
تهواه من كُل قلب
مُش فارقه يكون مسالم
أو فاسد وابن كلب
مالى الوش ابتسامه
أو ناقم غاوي سب
عارف كُل الحقايق
صابر بيقول يارب
أو هلفوت ابن صرمه
بالواسطه فتحلو درب
جنب ولاد اللئيمه
وانتا المرهون لغُلب
بتأزأز فيك وترمى
دُنيا وحسباك ك لِب

يسقُط الوهم العربي

يسقُط يسقُط وهمى العربى
(الوطن) الفاسد كُل مافيه
والمليان حواديت كدابه
بوحدة دم أُخوة ايه
خُد قناطير فى كلام متنقى
وساعة الفِعل أقولك ايه؟
عبى فضايح ووسخ فايح
وبيتخانقوا ماتعرف ليه؟
علشان كوره وطيز سنيوره
ولبوه بتُرقُص ركع البيه
رش المال فضاها زكايب
وبتستغرب تسأل ليه؟
رغم الذمه عليها تلاته
وجايه الخاطبه تزِف إليه
خبر الرابعه البِكر عفيه
دا غير غِلمانو وغير جواريه
عرب الشوم واللوم والخسه
عرب الهم وغطى عليه
بوذى بيصبح أفضل منك
لما يكونوا ف حاجه إليه
مُشرِك كافر فاجر علناً
وبمشايخهُم يرضوا عليه
جاهزه الفتوى يجوز تمكينو
وبرضو يجوز الرجعه إليه
حتى ف دين من صُنع خيالهُم
وحي جديد واتفقوا عليه
وانتا الصارخ حارق دمك
سُكر ضغط وأمراض ايه
وهم كبير محفور فى خيالك
وحده ودم وأبصر ايه

كُلو خلاص بقى نفض إيدو
وخلو ا كلابهُم شخوا عليه
والأوهام الساكنه خيالك
طفح مجاري من الكابينيه
يسقُط يسقُط وهمى العربى
(الوطن)الفاسد كُل مافيه
والمربوط على درجة خادم
أى معرص يُحكُم فيه

اكرام الميت دفنو
دعوه مُستجابه
ح اتعلم اطير
اعتب
سُلطان العاشقين
يسقُط كُل ولاد الوسخه
من بلاد محصولها وافر
شعب علاجو العساكر
الحكايه
يابتاع مشيها
ثوره فى العالم الأفتراضى
شدى حيلك
ماتجيب ياحلو اخرك
مماليك
ياكامل
ممنوع السفر
لب
يسقُط الوهم العربي

Don't miss out!

Visit the website below and you can sign up to receive emails whenever طارق التريري publishes a new book. There's no charge and no obligation.

https://books2read.com/r/B-A-KEUT-AHTYB

BOOKS 2 READ

Connecting independent readers to independent writers.

Did you love سُلطان العاشقين؟ Then you should read خاسر[1] by طارق التريري!

ديوان شعر من سلسلة الأعمال الكامله للشاعر طارق التريري والمنشور له 20 ديوان على منصات النشر الإلكتروني

Read more at tarqablog.blogspot.com.

1. https://books2read.com/u/3LnBrN

2. https://books2read.com/u/3LnBrN

About the Author

منشوراتي
في بلاد الأي حد
قلبي اللي عشقك
إنفصامستان
وجع القصيده
كُل العساكر كدابين
الصُبح في بلادي
شباكي الفاتح
سُلطان العاشقين
قُليل لما باشتاقلي
دوايرك
دم الحُسين
على باب الله
صباح القُدس
عند باب الحلم
لماكانت مصر دوله

ذكريات الميدان
التُهمه عربي
Read more at tarqablog.blogspot.com.